BEI GRIN MACHT SICH IHR WISSEN BEZAHLT

- Wir veröffentlichen Ihre Hausarbeit,
  Bachelor- und Masterarbeit

- Ihr eigenes eBook und Buch -
  weltweit in allen wichtigen Shops

- Verdienen Sie an jedem Verkauf

Jetzt bei www.GRIN.com hochladen
und kostenlos publizieren

Michel Bartoschik

Rodung des Regenwalds aus umweltethischer Sicht

GRIN Verlag

Bibliografische Information der Deutschen Nationalbibliothek:

Die Deutsche Bibliothek verzeichnet diese Publikation in der Deutschen National-
bibliografie; detaillierte bibliografische Daten sind im Internet über http://dnb.d-
nb.de/ abrufbar.

Impressum:

Copyright © 2013 GRIN Verlag GmbH
Druck und Bindung: Books on Demand GmbH, Norderstedt Germany
ISBN: 978-3-656-61201-8

Dieses Buch bei GRIN:

http://www.grin.com/de/e-book/269869/rodung-des-regenwalds-aus-umweltethi-
scher-sicht

GRIN - Your knowledge has value

Der GRIN Verlag publiziert seit 1998 wissenschaftliche Arbeiten von Studenten, Hochschullehrern und anderen Akademikern als eBook und gedrucktes Buch. Die Verlagswebsite www.grin.com ist die ideale Plattform zur Veröffentlichung von Hausarbeiten, Abschlussarbeiten, wissenschaftlichen Aufsätzen, Dissertationen und Fachbüchern.

Besuchen Sie uns im Internet:

http://www.grin.com/

http://www.facebook.com/grincom

http://www.twitter.com/grin_com

Rodung des Regenwalds aus umweltethischer Sicht

Lahntalschule Biedenkopf

Fach: Ethik Q4

Michel Bartoschik

24.03.2013

Inhaltsverzeichnis

Einleitung:

In der folgenden Hausarbeit werden wir darlegen, auf welche Weise die ökonomische Nutzung der Regenwälder und die damit einhergehende Abholzung aus umweltethischer Perspektive zu beurteilen ist. Hierbei ist die besondere Signifikanz der Auswirkungen auf den gesamten Globus und demnach auch auf jedes Individuum hervorzuheben.

Weiterhin werden wir uns auch auf die Auswirkungen auf die Artenvielfalt und die indigenen Völker beziehen. Dadurch lässt sich auch die Brücke zu tierethischen Positionen bilden.

Unter der Diskussion verschiedener Ansätze (anthropozentrisch, pathozentrisch, biozentrisch,...) werden wir dabei die Stellungnahme zu der Frage „Inwiefern lässt sich die Rodung des Regenwalds aus umweltethischer Sicht rechtfertigen?" verfolgen.

Damit einhergehend werden wir uns mit der Verifizierung bzw. Falsifizierung der Hypothese, der Regenwald sei in besonderem Maße schützenswert, befassen.

Dieses Thema ist von besonderer Brisanz, da der Klimawandel jedes Individuum und dessen Habitat unmittelbar beeinflusst und einschränkt. Der Zusammenhang hierzu besteht vor allem darin, dass die Rodung des Regenwalds in Kombination mit dem Klimawandel zu einer Versteppung führt, wodurch vielen Arten die Lebensgrundlage entzogen würde.

Dabei kommt es unter anderem zur Jagd auf wilde Tiere, die den Regenwald als Lebensraum nutzen. Außerdem wird die Rodung des Regenwalds z.T. durch mutwillige Waldbrände forciert.

Außerdem ist bei der ganzheitlichen Betrachtung der Problematik eine Beleuchtung aus wirtschaftsethischer Sichtweise unumgänglich, da die Rodung des Regenwaldes in dem enormen Maße, in dem sie momentan stattfindet, vor allem auf die Gewinnmaximierung und unendliche Produktivitätssteigerung abzielt.

Hierbei müssen auch die Entwicklungen durch Internationalisierung und Globalisierung der Weltwirtschaft berücksichtigt werden, wobei auch die Beziehungen zwischen Entwicklungs- und Industrieländern eine nicht unwesentliche Rolle spielen.

Flankierend können diesbezüglich auch Ansätze moderner Wirtschaftspolitik angeführt werden, die auf ein Gleichgewicht zwischen ökonomischer Instrumentalisierung der Umwelt und der Nachhaltigkeit aus sind und somit eine Harmonisierung der umweltethischen Aspekte wirtschaftlichen Handelns bezwecken wollen.

<u>Hauptteil:</u>

Im Folgenden werden wir uns mit der Problematik der Rodung des Regenwaldes im Genaueren auf Grundlage verschiedener theoretischer Ansätze befassen. Hierbei ist es sinnvoll, im Vorhinein den Begriff der Natur und der Ökologie zu definieren, um ihn im Folgenden einheitlich benutzen zu können.

Spricht man von „Natur", so sind in der Regel alle gewachsenen anorganischen und organischen, pflanzlichen und tierischen Begebenheiten gemeint.

„Ökologie" beschreibt die Wechselbeziehungen zwischen Lebewesen und Lebensraum.

Zuerst wollen wir dabei die anthropozentrische Sicht auf die Thematik diskutieren: Diese Theorie basiert auf der Annahme, dass dem Mensch im Gegensatz zu der Natur als Einzigem ein moralischer Wert innewohnt. Daraus resultiert, dass Werte grundsätzlich nach dem Nutzen für den Menschen definiert werden. Dies führt im Bezug auf das Thema zu dem logisch erscheinenden Schluss, dass dem Menschen der Regenwald zur Maximierung seines Nutzens dienen solle. Um diese effektiv gestalten zu können, müsste zusätzlich Regenwald gerodet werden, um Zufahrtswege und Infrastruktur zu stärken. Dies würde für die Unterstützung einer Rodung des Regenwaldes auf den ersten, kurzfristigen Blick sprechen.

Die Konsequenzen, die wir durch den akuten Klimawandel, der ja wie in der Einleitung beschrieben durchaus im Zusammenhang zur Rodung steht, zeigen allerdings die Notwendigkeit eines differenzierteren Blickwinkels auf die Auslegung der anthropozentrischen Umweltethik. Hierbei ist vordergründig der Aspekt der Generationengerechtigkeit zu beleuchten, der auf Dauer aus dem kurzfristigen Nutzen einen langfristigen Nachteil generiert. Dies äußert sich dadurch, dass die bisherige ökonomische Ausbeutung des Regenwalds, die natürlichen Ressourcen und Möglichkeiten unserer Nachkommengenerationen in enormer Weise einschränkt. Dabei denken wir z.B. an die Trinkwasservorkommen oder aber die Schmelzung der Pole.

Außerdem bietet sich in diesem Kontext auch der Verweis auf Aspekte der Tierethik an, da der Mensch diesbezüglich aus anthropozentrischer Sicht eine widersprüchliche Ambivalenz aufweist. Die bei der Rodung auftretenden Tiertötungen werden in der Regel nicht hinterfragt und wenn doch in großen Teilen als „Kollateralschäden" hingenommen, während die Beziehung zu z.B. Haustieren stark zunimmt. Dies lässt sich womöglich auf den ästhetischen bzw. Freizeitnutzen, den ein Haustier generiert zurückführen.

Insofern müssen bei der anthropozentrischen Sichtweise „beide Seiten der Medaille" des vermeintlichen Nutzens betrachtet werden.

Geht man auf den pathozentrischen Aspekt der Umweltethik genauer ein, so muss man im Vorhinein den Begriff „Regenwald" definieren. Hierbei wird deutlich, dass logischerweise nicht nur der Wald an sich zu betrachten ist, sondern auch ihre Bewohner, in erster Linie die Tiere, also die Ökologie des gesamten Ökosystems. Hierbei ist zu sagen, dass das Tier als leidensfähiges Lebewesen durch das Berauben seines Lebensraums Leid erfährt. Somit müsste die Rodung des Regenwalds als ethisch verwerflich betrachtet werden. Diese Sichtweise entspricht der Lehre vom Utilitarismus, z.B. nach Jeremy Bentham, welche im Handeln des Menschen in erster Linie den Nutzen (lat.: *utilitas)* als bestimmenden Faktor sieht. Dies impliziert zwar eher eine anthropozentrische Tendenz, jedoch fügt Bentham diese Nutzenorientierung auch für Tier anhand von verschiedenen Tierrechten bei, weshalb der Utilitarismus nach Bentham vor allem eine pathozentrische Auffassung ist. In diesem Fall würde der Utilitarismus also eine Gegenüberstellung von ökonomischen Nutzen für den Menschen und den logischen Nachteilen für die Tiere schlussfolgern. Daraus ergäbe sich eine Art Kosten-Nutzen-Analyse bei der die Gewichtung des Schadens gegenüber des Nutzens abgewägt werden und somit eine Entscheidung für oder wider Rodung gefällt würde. Anknüpfend an die Argumentation bzgl. der Generationengerechtigkeit, die bei der anthropozentrischen Sichtweise zum tragen kommt, würde im utilitaristischen Sinne somit die Rodung des Regenwalds tendenziell abgelehnt. Darüber hinaus gibt es auch Interpretationsansätze der pathozentrischen Umweltethik, die Pflanzen selbst und somit alle Gewächse des Regenwalds ebenso als leidensfähige Lebewesen erachten. Hieraus resultiert in der Konsequenz die Verpflichtung zur Wahrung des Regenwalds allein um der Pflanzen Willen.

Bei der Betrachtung der biozentrischen Sichtweise wird der Mensch als gleichgestellter Teil seiner ihn umgebenden Natur erachtet. Insofern ist auch aus dieser Sicht eine Rodung des Regenwalds als ethisch verwerflich zu erachten, da der Mensch in diesem Fall ihm „ebenbürtige" Lebewesen tötet. Dies wäre aus moralischer Betrachtung der biozentrischen Perspektive mit einem Mord an einem anderen Menschen vergleichbar. Man könnte sagen, dass der Mensch sich, da er ein Teil der Natur ist, aber diese zugleich zerstört, selbst zerstört.,

Die holistische Perspektive kann bei dieser argumentativen Auseinandersetzung weitestgehend vernachlässigt werden, da es bei der Rodung des Regenwalds zentral um die Auswirkung auf lebende Organismen geht und sich somit durch die Fokussierung des gesamten Ökösystems kein neuer Zugang zu der Problematik ermöglicht.

Weiterhin bietet sich eine wirtschaftsethische Beleuchtung der Problematik an, da die Rodung im Wesentlichen auf der kommerziellen Holzentnahme beruht. Dem steht in der Wirtschaftsethik die Forderung nach nachhaltiger, ökologischer Entwicklung gegenüber, der sogenannten „green responsibility".

In diesem Zusammenhang ist es besonders wichtig, die Auswirkungen der Globalisierung mit in die Überlegungen einzubeziehen. Die zunehmende internationale Integration des Welthandels und die damit z.b. zusammenhängende „globale Arbeitsteilung" führt neben enormen sozialen Konsequenzen zu einem immens hohen Energie- und Ressourcenverbrauch, scheint jedoch für die Erzielung des größtmöglichen Gewinns unabdingbar zu sein.

Aus dieser Sicht verschlimmert sich die Rodung des Regenwaldes zusätzlich: Zum einen können die großen Wälder die CO_2-Konzentration in geringerem Maße durch Fotosyntheseaktivität kompensieren, als das ohne Rodung der Fall wäre. Hinzu kommt, dass der übermäßige Verbrauch fossiler Überlegungen zu Tage gefördert hat, die die Notwendigkeit alternativer Energien zum Ausdruck bringen. Diese hätten jedoch für die Regenwälder ebenfalls insofern dramatische Folgen, als dass dadurch weitere Flächen gerodet würden, um z.B. für Rapsöl als alternativer Ressource, ausreichend Anbauflächen zu rekrutieren.

So geschieht es, dass in der öffentlichen Wahrnehmung ein unvereinbarer Widerspruch zwischen wirtschaftlichem Wachstum und ökologischer Nachhaltigkeit kommuniziert wird. Michael Kloepfer, ein renommierter Rechtsprofessor an der Humboldt-Universität in Berlin, gibt sogar die Notwendigkeit einer Entwicklung hin zur „Ökodiktatur" zu bedenken, also einem Staat, dessen Kompetenzen zum Schutze der Umwelt so gestärkt werden, dass dabei demokratische und freiheitliche Rechte untergraben werden müssen.

Dabei zeigen Konzepte morderner Wirtschaftspolitik, dass profitorientiertes Wirtschaften und Rücksicht auf die Umwelt keineswegs als Gegenspielerkonstellation zu erachten ist. Vielmehr weisen verschiedene Ansätze daraufhin, dass die ökologische Nachhaltigkeit ganz klar als Teil einer erfolgreichen Wirtschaftspolitik aufzufassen ist.

Deutlicher wird dies durch die Veranschaulichung des „Magischen Vielecks" der Wirtschaftspolitik. Diese, wie der Name bereits sagt, Idealvorstellung eines funktionierenden Wirtschaftssystems impliziert als Weiterentwicklung des „Magischen Vierecks", dass neben dessen Zielen (außenwirtschaftliches Gleichgewicht, Preisniveaustabilität, Vollbeschäftigung, Wirtschaftswachstum) auch die Dimensionen der sozialen Gerechtigkeit und eben der Nachhaltigkeit strukturbestimmend für die Perspektivziele einer Volkswirtschaft sein müssen.

Ernst Ulrich von Weizsäcker, ein deutscher Publizist und Politik, geht in seinen Ausführungen gegen eine Ökodiktatur darüber hinaus auf die die Preistransparenz und somit demokratische Legitimierung des Wirtschaftens fördernde Wirkung einer ökologisch-akzentuierten Fiskal- und Preispolitik ein. So müssten Preise seines Erachtens nach die „ökologische Wahrheit" sagen. Das bedeutet konkret, dass eine Internalisierung externer Kosten sowohl Einzug in die Besteuerung der Unternehmenstätigkeiten als auch in die

Konsumaktivitäten der Verbraucher erhalten müsste. So würden zum einen Unternehmen zu einer umweltfreundlicheren Produktionsweise gezwungen, zum anderen aber der Verbraucher selbst wie von allein zum nachhaltigen, weil kostengünstigeren Einkauf gebracht.

Viele Unternehmen erkennen allerdings bereits von allein, dass sie entsprechend der Vorstellung eines „Shareholder Values" die Kunden durchaus an Mehrkosten für umweltverträgliches Wirtschaften beteiligen können und diese in solchen Fällen auch weitestestgehend bereit dazu sind, diese Kosten entweder aus Prestige- aber auch sicherlich aus moralischer Verpflichtung zu zahlen, wenn sie wissen, dass sie somit der Umwelt helfen können.

Diese Überlegungen würden bei der Nutzung von Recyclingpapier o. ä. in jedem Fall zum tragen kommen, da die Rodung des Regenwaldes so vermieden werden könnte.

Fazit:

Grundsätzlich zeigt die Auseinandersetzung mit der umweltethischen Sichtweise auf die Rodung der Regenwälder, dass sich viele theoretische Ansätze je nach „Lesart" unterschiedlich interpretieren lassen. Es zeigt sich jedoch, dass viele ausschließlich, jedoch alle zumindest anteilig für Nachhaltigkeit und Generationengerechtigkeit appellieren.

Aus dieser Tatsache resultiert die Konsequenz, dass die Rodung des Regenwaldes nur im Rahmen dieser geschehen dürfe: also konkret nur in dem Maße, der den nachfolgenden Generationen die gleichen Möglichkeiten zur Nutzung der Natur bewahrt. Hierbei ist augenscheinlich klar, dass dies im Moment nicht der Fall ist, sondern die Natur förmlich ausgebeutet wird.

Hieraus lässt sich schlussfolgern, dass Maßnahmen gegen die übermäßige Rodung getroffen werden und die Regulierung der Abholzung dauerhaft und flexibel wirksam wird und bleibt. Dabei ist es, wie einige zuvor dargelegt Ansätze es schon implizieren, unweigerlich notwendig, den gesellschaftlichen Dialog über Nachhaltigkeit zu stärken. Der Bürger in seiner Funktion als Verbraucher muss in die Lage gebracht werden, seinen „ökologischen Fingerabdruck" bis zum Beginn der Wertschöpfungskette nachvollziehen zu können, um so sein Konsumverhalten differenziert beurteilen und so zu reflektieren und ggf. verändern zu können.

Dies bedeutet allerdings eine Stärkung der Partizipation und eine Demokratisierung der Umweltpolitik. Ihre Umsetzung scheint jedoch noch in weiter Ferne, da sie in einem noch zu beseitigenden Konflikt mit der supranationalen Beschaffenheit ökologischer Probleme steht. Darüber hinaus hindert der durch Interessenverbände entstehende Lobbyismus die Stärkung einer umweltfreundlichen Wirtschaftspolitik, da finanzkräftige Unternehmen z.B. aus Energie- und Pharmaindustrie weitaus mehr Einfluss auf die nationale und internationale Politik geltend machen können als NGOs oder INGOs aus dem Umweltschützer-Lager.

Nicht zuletzt behindern aber auch pragmatische Gründen den Erfolg von Umweltschutz: der Verbraucher hat in weiten Teilen schlichtweg keine Wahl, da er sich aus finanziellen Gründen in jedem Fall für die billigere Ware entscheiden wird, getreu dem Motto aus Brechts Dreigroschenoper „Erst kommt das Fressen, dann die Moral!".

So lässt sich schlussendlich resümieren, dass die Verantwortung zwar in erster Linie bei der Politik liegt, die notwendigen Maßnahmen zu höherer Transparenz und zur Internalisierung externer Kosten zu treffen, um so eine umweltfreundlichere Wirtschaftsaktivität aller beteiligten Akteure zu bewirken. Dennoch liegt es aus moralischen Gründen auf jeden Fall auch in der Verantwortung der Gesellschaft ein Umdenken in Gang zu bringen und so ein differenziertes Bild bezüglich Nachhaltigkeit zu bewirken.

Erst dann können und werden globale Probleme wie die übermäßige Abholzung der Regenwälder erreicht werden.

Quellen

- http://www.spektrum.de/alias/erde-3-0/die-ethik-des-klimawandels/983273

- http://www.spiegel.de/wissenschaft/mensch/folge-der-abholzung-amazonas-regenwald-koennte-zur-savanne-werden-a-533034.html

- Schulbuch, Standpunkte der Ethik, Schöningh Verlag, Kapitel „Natur & Mensch" & „Tier & Mensch", ISBN: 978-3-14-025004-7

- Mensch und Politik, Schrödel Verlag, ISBN: 978-3-507-10865-3